Alabanza y Adoración

Cómo adorar a Dios según la Biblia

José Reina

Copyright © 2015 José Reina

Copyright © 2015 Editorial Imagen.
Córdoba, Argentina

Editorialimagen.com
All rights reserved.

Todos los derechos reservados. Ninguna parte de este libro puede ser reproducida por cualquier medio (incluido electrónico, mecánico u otro, como ser fotocopia, grabación o cualquier sistema de almacenamiento o reproducción de información) sin el permiso escrito del autor, a excepción de porciones breves citadas con fines de revisión.

Todas las referencias bíblicas son de la versión Reina-Valera 1960, Copyright © 1960 by American Bible Society excepto donde se indica:
TLA - Traducción Lenguaje Actual, Copyright © 2000 by United Bible Societies. NVI - Nueva Versión Internacional, Copyright © 1999 by Biblica. DHH - Biblia Dios Habla Hoy, Tercera edición © Sociedades Bíblicas Unidas, 1966, 1970, 1979, 1983, 1996. Usada con permiso. NTV - Santa Biblia, Nueva Traducción Viviente, © Tyndale House Foundation, 2010. Usado con permiso de Tyndale House Publishers, Inc., 351 Executive Dr., Carol Stream, IL 60188, Estados Unidos de América. Todos los derechos reservados.

CATEGORÍA: Vida Cristiana/Estudio Bíblico

Impreso en los Estados Unidos de América

ISBN-13:
ISBN-10:

"¡Bendecid, pueblos, a nuestro Dios,
y haced oír la voz de su alabanza!"
Salmos 66:8

Índice

1 La Alabanza 1
    Significado 1
    El enfoque bidireccional de la alabanza 1
    Significado de los nombres de Dios: 2

2 La alabanza debe declararse o manifestarse. 7
    ¿Por qué se debe alabar al Señor? 8
    ¿Cómo se debe alabar a Dios? 15

3 La Adoración 23
    Significados 23
    ¿Como puedo convertirme en un adorador? 25
    Cualidades que caracterizan al adorador verdadero 25
    Verdades de Dios en la Biblia que nos ayudan a enfrentar esta situación: 29
    El alcance de Su presencia y las cualidades de Dios 31
    La omnipresencia de Dios 32
    Razones para que exista la adoración congregacional 38

4 El cántico nuevo 55
    El cántico del Señor o cántico profético 56
    ¿Cómo se produce el canto de liberación? 58
    ¿Cómo alcanzar la bendición? 63

Recursos para tu edificación 71

Más libros de interés 77

1
La Alabanza

Significado

No es difícil entender la alabanza porque es parte de la vida cotidiana. Para formarnos un concepto claro, nos ayudará ver el significado de la palabra, "alabanza". La que significa entre otros, elogiar, celebrar con palabras, decir de algo o alguien cosas que significan aprobación.

El enfoque bidireccional de la alabanza

Directamente: al exaltar a Dios, y expresarle nuestro corazón.
Indirectamente: expresada a otros con referencia a Dios.

La alabanza se preocupa de quién es Dios y lo que Él

ha hecho. Enfoca su carácter incomparable y lo que hizo y hace por Sus hijos.

Él es digno de alabanza simplemente por ser quien es.

Y… ¿Cómo es Dios? En Sus nombres se revela Su carácter.

Significado de los nombres de Dios:

Para alabar el nombre de nuestro Padre debemos entender que la naturaleza y la voluntad de Dios para Sus hijos se nos revelan en Sus nombres. En ellos se ve lo que Él ha prometido ser en nosotros, y lo que ha prometido hacer por nosotros y por medio de nosotros. Será muy importante entonces un estudio detenido de las siguientes escrituras.

1) El significado del origen del nombre "Jehová", se expresan en la revelación que Dios da a Moisés en la zarza ardiente.
Éxodo 3:13-15
"Dijo Moisés a Dios:
-Si voy a los hijos de Israel y les digo: "Jehová, el Dios de vuestros padres, me ha enviado a vosotros", me preguntarán: "¿Cuál es su nombre?" Entonces ¿qué les responderé?
Respondió Dios a Moisés:
-"Yo soy el que soy". Y añadió:
-Así dirás a los hijos de Israel: "«Yo soy» me envió a vosotros".
Además, Dios dijo a Moisés:

-Así dirás a los hijos de Israel: "Jehová, el Dios de vuestros padres, el Dios de Abraham, el Dios de Isaac y el Dios de Jacob, me ha enviado a vosotros". Este es mi nombre para siempre; con él se me recordará por todos los siglos."

2) El nombre combinado de Dios, Jehová-tsidkenu significa "Jehová nuestra justicia".

Jeremías 23:5-6 Vienen días, dice Jehová, en que levantaré a David renuevo justo, y reinará como Rey, el cual será dichoso y actuará conforme al derecho y la justicia en la tierra. En sus días será salvo Judá, e Israel habitará confiado; y este será su "Jehová, justicia nuestra".

3) Jehová-m'kaddesh, 'el Señor que santifica'.
Levítico 20:8
"Guardad mis estatutos y ponedlos por obra. Yo soy Jehová, el que os santifico."
1 Corintios 6:2
"¿No sabéis que los santos han de juzgar al mundo? Y si el mundo ha de ser juzgado por vosotros, ¿sois indignos de juzgar asuntos tan pequeños?

4) Jehová-shalom significa 'Jehová es paz'.
Jueces 6:24
"Gedeón edificó allí altar a Jehová y lo llamó Jehová-shalom. Este altar permanece hasta hoy en Ofra de los abiezeritas".
Colosenses 1.20,22
"Y por medio de él, reconciliar consigo todas las cosas, así las que están en la tierra como las que están en los cielos, haciendo la paz mediante la sangre de su

cruz.

En su cuerpo de carne, por medio de la muerte, para presentaros santos y sin mancha e irreprochables delante de él".

5) Jehová-sama significa 'Dios está aquí'.
Ezequiel 48:35
"Todo el contorno tendrá 18.000 cañas. Y desde aquel día el nombre de la ciudad será Jehová-sama".

6) Jehová-rophe significa 'Jehová sana'.
Isaías 53:5
"Mas él fue herido por nuestras rebeliones, molido por nuestros pecados. Por darnos la paz, cayó sobre él el castigo, y por sus llagas fuimos nosotros curados."
1 Pedro 2:24
"Él mismo llevó nuestros pecados en su cuerpo sobre el madero, para que nosotros, estando muertos a los pecados, vivamos a la justicia. ¡Por su herida habéis sido sanados!"

7) Jehová-jireh nos dice que 'Dios proveerá'. El es nuestra fuente de éxito y bendición.
Génesis 22:14
Y llamó Abraham a aquel lugar «Jehová proveerá». Por tanto se dice hoy: «En el monte de Jehová será provisto».
Filipenses 4:13
"Todo lo puedo en Cristo que me fortalece".

8) Jehová-nisi, 'Jehová es mi estandarte'. El nos da poder sobre el temor a la muerte y el infierno.
Éxodo 17:15

"Luego Moisés edificó un altar, al que puso por nombre Jehová-nisi".

9) Jehová-rohi, 'Jehová mi pastor'.
Salmos 23.1
"Jehová es mi pastor, nada me faltará".
Juan 10:11
"Yo soy el buen pastor; el buen pastor su vida da por las ovejas".

2
La alabanza debe declararse o manifestarse

"¡Bendecid, pueblos, a nuestro Dios, y haced oír la voz de su alabanza!" Salmos 66:8. Los demás se dan cuenta de lo que ocurre.

La alabanza en el Espíritu Santo. "Entonces nuestra boca se llenó de risa y nuestra lengua de alabanza. Entonces decían entre las naciones: «¡Grandes cosas ha hecho Jehová con estos!» ¡Grandes cosas ha hecho Jehová con nosotros! ¡Estamos alegres!" Salmos 126:2-3 y en Lucas 1 - Elizabeth exclamó a gran voz, y Zacarías profetizó.

"Y aconteció que cuando oyó Elizabet la salutación de María, la criatura saltó en su vientre, y Elizabet, llena del Espíritu Santo, exclamó a gran voz: -Bendita tú entre las mujeres y bendito el fruto de tu vientre.¿Por qué se me concede esto a mí, que la madre de mi Señor venga a mí?".

"Zacarías, su padre, fue lleno del Espíritu Santo y profetizó, diciendo: «Bendito el Señor Dios de Israel, que ha visitado y redimido a su pueblo, y nos levantó un poderoso Salvador en la casa de David, su siervo."
Lucas 1.41-43; 1.67-69 (Ver también Hechos 2)

- La alabanza es una función de la voluntad. "Te ruego, Jehová, que te sean agradables los sacrificios voluntarios de mi boca y que me enseñes tus juicios". Salmos 119:108
- La alabanza no depende de los sentimientos. "¡Bendice alma mía al señor!". Salmos 103:1

¿Cómo alabar cuando me siento deprimido? "¿Por qué te abates, alma mía, y te turbas dentro de mí? Espera en Dios, porque aún he de alabarlo, ¡salvación mía y Dios mío! Dios mío, mi alma está abatida en mí. Me acordaré, por tanto, de ti desde la tierra del Jordán y de los hermonitas, desde el monte Mizar." Salmos 42:5-6. Hay una disciplina de alabanza.

Es propio que la alabanza enfoque lo que representan los distintos nombres de Dios dados en las Escrituras.

¿Por qué se debe alabar al Señor?

1) Porque así se ordena en Su Palabra.
"Alabad a Dios en su santuario;
alabadlo en la magnificencia de su firmamento.
Alabadlo por sus proezas;

alabadlo conforme a la muchedumbre de su grandeza.
Alabadlo a son de bocina;
alabadlo con salterio y arpa.
Alabadlo con pandero y danza;
alabadlo con cuerdas y flautas.
Alabadlo con címbalos resonantes;
alabadlo con címbalos de júbilo.
¡Todo lo que respira alabe a Jah!
¡Aleluya!" Salmos 150:1-6

"Regocijaos en el Señor siempre. Otra vez digo: ¡Regocijaos!" Filipenses 4:4

"No os embriaguéis con vino, en lo cual hay disolución; antes bien sed llenos del Espíritu, hablando entre vosotros con salmos, con himnos y cánticos espirituales, cantando y alabando al Señor en vuestros corazones; dando siempre gracias por todo al Dios y Padre, en el nombre de nuestro Señor Jesucristo." Efesios 5:18-20

"Estad siempre gozosos." 1 Tesalonicenses 5:16

"Pero no os regocijéis de que los espíritus se os sujetan, sino regocijaos de que vuestros nombres están escritos en los cielos." Lucas 10:20

Dios no pide, sino que ordena, da una orden. Los reyes no piden, ordenan.

¿Será que Dios es egoísta o egocéntrico y se complace en la adulación? No es que Dios necesite las alabanzas sino que sabe que sus hijos necesitan alabarlo. La alabanza no beneficia a Dios, (Él es Dios, ya sea que se le alabe o no) pero es para el bien de sus hijos. Es en la alabanza donde el ser humano se encuentra a sí mismo y comienza el camino a su propia realización y felicidad.

2) Porque a Él le AGRADA.
Consideremos dos textos muy importantes:
"Ama Jehová las puertas de Sión mas que todas las moradas de Jacob". Salmos 87.2
"Cantad a Jehová, que habita en Sión"... Salmos 9:11

Aquí se enfatiza que Dios no tan solo ama a Sión sino que vive en Sión.

El monte de Sión representa el lugar donde Dios habita. Donde se reúne su pueblo escogido. La Biblia al día Internacional dice: "Allá en el Santo monte de Dios está Jerusalén, la ciudad de Dios, la ciudad que el ama mas que a ninguna".

Sión es llamado "el Santo monte de Dios" porque es la presencia de Dios la que lo santifica. Esta verdad es aplicada hoy a la iglesia. Si Dios ama a la ciudad que escogió para revelarse a través del pacto mosaico, ¡cuánto más hoy habita y ama a la iglesia comprada con la sangre de Cristo! ¡Imaginen cuanto le agrada al Padre cuando su pueblo prorrumpe en alabanza y gritos de júbilos exaltando la grandeza de su Nombre! El quiere que le alabemos para quedarse en medio de nosotros.

"Pero tú eres santo, Tú que habitas entre las alabanzas de Israel." Salmos 22:3

"Porque Jehová ha elegido a Sion; La quiso por habitación para sí." Salmos 132:13

"Y vendrán con gritos de gozo en lo alto de Sion, y correrán al bien de Jehová, al pan, al vino, al aceite, y al ganado de las ovejas y de las vacas; y su alma será como huerto de riego, y nunca más tendrán dolor." Jeremías 31:12

3) Porque hay PODER en la ALABANZA.
Éxodo 15 - El cántico de María y Moisés.
Después de la victoria los Israelitas se dieron cuenta de que habían visto en acción a un gran estratega militar.

Versículo 3 "Jehová es varón de guerra, Jehová es su nombre."
Alguien podría decir, de que esta es una revelación mas bien primitiva de Dios, ya que Él es presentado ahora como un Padre, bueno y misericordioso. Es cierto, pero Él es el mismo hoy, ayer y por los siglos. Es un padre de amor, pero aún sigue siendo un guerrero.

Satanás está haciendo estragos y Dios quiere usarte para vencerlo dándote Su estrategia. Otro ejercicio muy importante es leer el capítulo 20 de segunda de Crónicas. Aquí encontramos que Dios sabía quienes serían los verdaderos guerreros aquel día. Los adoradores ganarían la batalla.

¡Algo importante! La guerra por medio de la alabanza no dicta a Dios lo que debe hacer, sino que lo alaba por Su sabiduría y poder, reconociendo que Él es capaz de resolver el problema de la mejor manera.

El enfoque de este tipo de alabanza no está en la batalla ni en el enemigo, sino en Dios quien es la solución.

Recordemos: la alabanza no le dicta a Dios cómo debe venir Su respuesta.
Cuando se confiesa la supremacía de Dios por la alabanza, la fe del creyente se eleva al nivel de su confesión, y El responde.

4) Porque El es DIGNO.
"¡Que grande es el Señor! ¡Cuánto debemos alabarlo! El mora en el monte Sión en Jerusalén." Salmo 48:1 (Biblia al día Internacional)
"...y digno de ser en gran manera alabado..." (Reina-Valera)

Cuando estudiamos las escrituras ellas nos revelan el carácter de Dios. El es Santo, grande, temible, justo, inteligente, creador. Si usamos términos más teológicos Él es entre muchas otras cualidades, omnisciente (que todo lo sabe); omnipresente (está en todo lugar); todopoderoso, eterno e infinito...pero es además, hoy para los creyentes un padre amoroso, bondadoso y tierno. Y nos faltarían palabras y espacio si tuviésemos que describir cada texto de la Biblia que nos habla de Él. ¿No es el Único Digno de recibir toda la gloria y adoración? Cuando aprendemos del maravilloso carácter de nuestro Dios, resulta ser muy sencillo alabarle cada día, tanto como respirar el oxígeno que nos da vida. ¡Te amo Padre!

Si usted no lo ha hecho todavía, ayúdese con una concordancia y realice un estudio en la Biblia acerca de los atributos de Dios. Quedará asombrado de su personalidad. Alguien dijo que de acuerdo al concepto de Dios que tenga un cristiano eso determinara la clase de vida que logrará. Pero eso lo llevara también a ser un mejor adorador.

" Mas la hora viene, y ahora es, cuando los verdaderos adoradores adorarán al Padre en espíritu y en verdad; porque también el Padre tales adoradores busca que le adoren. Dios es Espíritu; y los que le adoran, en espíritu y en verdad es necesario que adoren." Juan 4:23-24 (Reina-Valera)

5) Porque fuimos CREADOS para alabarle. Jeremías nos lo describe en el contexto específico del llamado de Dios para su pueblo. Y lo expresa así: "Porque como el cinto se junta a los lomos del hombre, así hice juntar a mi toda la casa de Israel y toda la casa de Judá, dice Jehová, para que me fuesen por pueblo y por fama, por alabanza y por honra; pero no escucharon." Jeremías 13:11 (Reina-Valera)

Y de idéntica manera el profeta Isaías nos recuerda este supremo llamamiento a ministrar alabanza al Señor. "Este pueblo he creado para mí; mis alabanzas publicará." Isaías 43.21 (Reina-Valera)

En el Nuevo testamento Pedro declara: "para que anuncien las virtudes del que los llamó de las tinieblas a su luz admirable." 1 Pedro 2:9b (Biblia al día Internacional)

6) Porque lo haremos POR SIEMPRE.

"Y siempre que aquellos seres vivientes dan gloria y honra y acción de gracias al que está sentado en el trono, al que vive por los siglos de los siglos, los veinticuatro ancianos se postran delante del que está sentado en el trono, y adoran al que vive por los siglos de los siglos, y echan sus coronas delante del trono, diciendo: Señor, digno eres de recibir la gloria y la honra y el poder; porque tú creaste todas las cosas, y por tu voluntad existen y fueron creadas." Apocalipsis 4:9-11 (Reina-Valera). Todo el cielo adora.

"Y cuando hubo tomado el libro, los cuatro seres vivientes y los veinticuatro ancianos se postraron delante del Cordero; todos tenían arpas, y copas de oro llenas de incienso, que son las oraciones de los santos. Decían a gran voz: El Cordero que fue inmolado es digno de tomar el poder, las riquezas, la sabiduría, la fortaleza, la honra, la gloria y la alabanza." Apocalipsis 5:8,12. Se postran y reconocen Su supremacía.

Vemos que en el cielo tocan instrumentos, cantan un nuevo cántico y adoran a gran voz. Pues lo que hacemos aquí es entonces como un entrenamiento de lo que estaremos haciendo en el cielo. Si nuestra oración es en realidad "Venga tu Reino y hágase tu voluntad en la tierra como en el cielo", empezaremos por establecer ese Reino de Dios por medio de la alabanza. Su Reino es un reino de música y adoración.

7) Porque es un MINISTERIO (o servicio)
En primer lugar a Dios, en segundo lugar a mí mismo, y en tercer lugar a otros.

"Puso también levitas en la casa de Jehová con címbalos, salterios y arpas, conforme al mandamiento de David, de Gad vidente del rey, y del profeta Natán, porque aquel mandamiento procedía de Jehová por medio de sus profetas." 2 Crónicas 29:25.

Esta descripción de los levitas con una gran diversidad de instrumentos musicales, nos recalca algo muy importante. El cantar alabanzas es una idea de Dios. Gad y Natan fueron instrumentos para declarar este mandamiento profético a David y así empezar el canto en el templo.

Brevemente podemos notar que en las páginas de la Biblia observamos grandes victorias cuando se pone en práctica la alabanza. Ella alegra el corazón de Dios. Cómo el padre que escucha con satisfacción cuando su hijito presume de el. Con una expresión tan simple como: "papito eres maravilloso"; "¡papito te quiero mucho!"...el corazón del padre hará cualquier cosa por él.

Cualquiera sea la circunstancia que estés viviendo. Recuerda volverte como un niño en la fe. Alaba al padre. Presume de sus atributos. ¡Te quedaras asombrado de los milagros que sucederán por el poder de la alabanza!

¿Cómo se debe alabar a Dios?

Formas y maneras bíblicas de alabar y adorar a Dios.

a) Acción de gracias. "Entrad por sus puertas con acción de gracias, por sus atrios con alabanza; Alabadle, bendecid su nombre." Salmos 100.4

"Dad gracias en todo, porque esta es la voluntad de Dios para con vosotros en Cristo Jesús." 1 Tesalonicenses 5:18

b) El canto. "Puso luego en mi boca cántico nuevo, alabanza a nuestro Dios. Verán esto muchos, y temerán, y confiarán en Jehová." Salmos 40:3

"Cantad a Dios, cantad; Cantad a nuestro Rey, cantad; Porque Dios es el Rey de toda la tierra; Cantad con inteligencia." Salmos 47:6-7

"Id pues, ahora, y trabajad. No se os dará paja, y habéis de entregar la misma tarea de ladrillo. Entonces los capataces de los hijos de Israel se vieron en aflicción, al decírseles: No se disminuirá nada de vuestro ladrillo, de la tarea de cada día. Y encontrando a Moisés y a Aarón, que estaban a la vista de ellos cuando salían de la presencia de Faraón." Ex. 5:18-20

La alabanza es vista por los demás. Debe ser audible, expresada en alta voz. "Para exclamar con voz de acción de gracias, y para contar todas tus maravillas." Salmos 26:7

"Y sacrificaron aquel día numerosas víctimas, y se regocijaron, porque Dios los había recreado con grande contentamiento; se alegraron también las mujeres y los niños; y el alborozo de Jerusalén fue oído desde lejos." Nehemías 12:43

La alabanza que no es audible, debe ser visible. La alabanza puede ser hablada o se puede expresar por los movimientos del cuerpo.

c) Por eso la danza es una forma apropiada de alabanza.

En el Antiguo testamento podemos encontrar los siguientes versículos que nos hablan de la importancia de la danza.

"Y María la profetisa, hermana de Aarón, tomó un pandero en su mano, y todas las mujeres salieron en pos de ella con panderos y danzas." Exodo 15:20

"Y David danzaba con toda su fuerza delante de Jehová; y estaba David vestido con un efod de lino. Así David y toda la casa de Israel conducían el arca de Jehová con júbilo y sonido de trompeta. Cuando el arca de Jehová llegó a la ciudad de David, aconteció que Mical hija de Saúl miró desde una ventana, y vio al rey David que saltaba y danzaba delante de Jehová; y le menospreció en su corazón." 2 Samuel 6:14-16

"Has cambiado mi lamento en baile; Desataste mi cilicio, y me ceñiste de alegría." Salmos 30:11

"Alaben su nombre con danza; Con pandero y arpa a él canten." Salmos 149:3

"Alabadle con pandero y danza; Alabadle con cuerdas y flautas."
Salmos 150: 4

Y en el Nuevo Testamento encontramos el siguiente:
"y saltando, se puso en pie y anduvo; y entró con ellos en el templo, andando, y saltando, y alabando a Dios. Y todo el pueblo le vio andar y alabar a Dios." Hechos 3:8,9 (Nótese los verbos)

El valor de la danza está en la acción física que exige. Requiere que se hagan a un lado las inhibiciones y se haga uso de todo el cuerpo. La danza no tiene valor en sí pero la acción espiritual que puede producir es valiosa.

Por lo general, si el creyente se abstiene de acciones físicas delante del Señor, es una señal de que también se abstiene de acciones espirituales delante de Él. Si el creyente retiene la alabanza en el corazón, limita el movimiento de Dios en medio de él.

d) Aplaudir. "Cantad alegres a Jehová, toda la tierra; Levantad la voz, y aplaudid, y cantad salmos." Salmos 98:4
"Pueblos todos, batid las manos; Aclamad a Dios con voz de júbilo." Salmos 47:1

e) Gritar. Aclamar a Dios.
Los israelitas eran famosos en Canaán por su grito de combate. Cuando alzaban la voz para gritar, el enemigo comenzaba a temblar de miedo. Ellos sabían lo que el grito representaba y cómo en Jericó, ese grito de batalla inició la victoria de Israel. Era un grito de victoria.

f) Ofrendas y diezmos. "¿Robará el hombre a Dios?

Pues vosotros me habéis robado. Y dijisteis: ¿En qué te hemos robado? En vuestros diezmos y ofrendas. Malditos sois con maldición, porque vosotros, la nación toda, me habéis robado. Traed todos los diezmos al alfolí y haya alimento en mi casa; y probadme ahora en esto, dice Jehová de los ejércitos, si no os abriré las ventanas de los cielos, y derramaré sobre vosotros bendición hasta que sobreabunde." Malaquías 3:8-10

g) Buenas obras. "Y de hacer bien y de la ayuda mutua no os olvidéis; porque de tales sacrificios se agrada Dios". Hebreos 13:16

h) Oración. "Y cuando hubo tomado el libro, los cuatro seres vivientes y los veinticuatro ancianos se postraron delante del Cordero; todos tenían arpas, y copas de oro llenas de incienso, que son las oraciones de los santos." Apocalipsis 5:8

i) Levantar las manos. "Así te bendeciré en mi vida; En tu nombre alzaré mis manos." Salmos 63:4
"Quiero, pues, que los hombres oren en todo lugar, levantando manos santas, sin ira ni contienda." 1 Timoteo 2:8

Vemos aquí dos motivos para levantar las manos:
1) Dando gracias a Dios.
2) En señal de sometimiento y humildad.

j) Música instrumental. "Alabadle a son de bocina; Alabadle con salterio y arpa. Alabadle con pandero y danza; Alabadle con cuerdas y flautas. Alabadle con címbalos resonantes; Alabadle con címbalos de júbilo."

Salmos 150:3-5

k) Inclinarse, arrodillarse. "Venid, adoremos y postrémonos; Arrodillémonos delante de Jehová nuestro Hacedor." Salmos 95:6

"Y de mes en mes, y de día de reposo en día de reposo, vendrán todos a adorar delante de mí, dijo Jehová". Isaías 66:23

"Y cuando acabaron de ofrecer, se inclinó el rey, y todos los que con él estaban, y adoraron. Entonces el rey Ezequías y los príncipes dijeron a los levitas que alabasen a Jehová con las palabras de David y de Asaf vidente; y ellos alabaron con gran alegría, y se inclinaron y adoraron." 2 Crónicas 29:29-30.

l) Estar en silencio. "Estad quietos, y conoced que yo soy Dios; Seré exaltado entre las naciones; enaltecido seré en la tierra." Salmos 46:10

"El le dijo: Sal fuera, y ponte en el monte delante de Jehová. Y he aquí Jehová que pasaba, y un grande y poderoso viento que rompía los montes, y quebraba las peñas delante de Jehová; pero Jehová no estaba en el viento. Y tras el viento un terremoto; pero Jehová no estaba en el terremoto. Y tras el terremoto un fuego; pero Jehová no estaba en el fuego. Y tras el fuego un silbo apacible y delicado." 1 Reyes 19:11-12

m) Estar de pie. "Y los sacerdotes desempeñaban su ministerio; también los levitas, con los instrumentos de música de Jehová, los cuales había hecho el rey David para alabar a Jehová porque su misericordia es para siempre, cuando David alababa por medio de ellos. Asimismo los sacerdotes tocaban trompetas delante de ellos, y todo Israel estaba en pie." 2 Crónicas 7:6. Denota respeto y atención.

En esto se resume la alabanza: en que se haga con todo el ser. "Bendice, alma mía, a Jehová, Y bendiga todo mi ser su santo nombre." Salmos 103.1

3
La Adoración

Significados

Es un diálogo entre Dios y el hombre.
Es ofrendar a Dios toda la vida y todo el ser (espíritu, alma y cuerpo).
Es la expresión de amor del corazón que se demuestra con verdadera pasión y devoción.
Es una actitud del corazón que se demuestra con verdadera pasión y devoción.
Es sentir el corazón de Dios.

Pero...

1) "La verdadera adoración no es susceptible de definición, sólo se puede aprender por experiencia." Morris Smith

2) Así como se aprende el arte de la predicación, la

capacidad para adorar se desarrolla por medio de la aplicación y la experiencia

Como el arte de la oración, la adoración se aprende ejerciéndola.

3) La adoración no es una actividad musical sino una función del corazón.

4) En Juan 4:22 vemos la diferencia entre la adoración hecha en ignorancia y la adoración hecha con inteligencia. "Vosotros adoráis lo que no sabéis; nosotros adoramos lo que sabemos; porque la salvación viene de los judíos."

Adorar en verdad involucra no sólo el espíritu sino también la mente, todo nuestro ser debe adorar a Dios. Debemos ejercitar nuestra mente al adorarle.

Una cosa es saber lo que significa la adoración y otra muy diferente es ser un adorador.

Sin embargo, Dios mira el corazón. Para Él lo importante es que lo hagas porque lo amas. Encuentra tu propia manera de expresarle tu amor al padre y decirle que le amas. A veces te encontraras alabando su carácter y atributos maravillosos. Otras sentirás tu corazón sumergido en una dulce intimidad.

Sea como sea, ámale, dile que es hermoso, bello y maravilloso. No creo que haya mejor adoración que el lenguaje sencillo del amor. Palabras de un niño expresando palabras de amor a "su papito": "te amo porque eres bueno", "eres hermoso para mi", "gracias por tu perdón", "por darme vida", "por amarme siempre".

Comienza ahora mismo a adorarle, su corazón de padre está ansioso de escucharte, no pienses en las palabras, solo déjate llevar por su amor. Entonces estarás adorándole en espíritu y en verdad.

¿Como puedo convertirme en un adorador?

La respuesta parece fácil: imitando a Cristo en todo, pero tal vez no nos damos cuenta de todo lo que eso significa.

Uno de los casos más destacados de adoración en el Nuevo Testamento es la historia de la pecadora que ungió los pies de Jesús.

Cualidades que caracterizan al adorador verdadero

Lee Lucas 7:36-50.

1) Los adoradores son dadores.
La mujer le dio a Jesús un perfume costosísimo. En aquellos días no había bancos donde se pudiera guardar el dinero en efectivo, así que la gente invertía en articulos valiosos como ese frasco de perfume para mantener su seguridad financiera. El frasco de perfume representaba, tal vez, todos los ahorros de la mujer-

quizás tenía planes de jubilarse con el dinero de su venta.

Ese frasco de perfume no era como los de ahora. Estaba hecho de piedra, de modo que para llegar al contenido había que romperlo. Y una vez que el frasco estaba roto, había que usar TODO el perfume, pues no había manera de guardarlo.

Así que al traerle el frasco a Jesús, la mujer sabía que no podía dar sólo una parte, era TODO o NADA y no vaciló.

Es muy bíblico traer un regalo cuando se viene a adorar a Dios. Ver "Tributad a Jehová, oh familias de los pueblos, Dad a Jehová la gloria y el poder. Dad a Jehová la honra debida a su nombre; Traed ofrendas, y venid a sus atrios. Adorad a Jehová en la hermosura de la santidad; Temed delante de él, toda la tierra". Salmos 96:7-9

"La fiesta de los panes sin levadura guardarás. Siete días comerás los panes sin levadura, como yo te mandé, en el tiempo del mes de Abib, porque en él saliste de Egipto; y ninguno se presentará delante de mí con las manos vacías." Éxodo 23:15.

La ofrenda es parte de la adoración. "Y respondiendo Ezequías, dijo: Vosotros os habéis consagrado ahora a Jehová; acercaos, pues, y presentad sacrificios y alabanzas en la casa de Jehová. Y la multitud presentó sacrificios y alabanzas; y todos los generosos de corazón trajeron holocaustos." 2 Crónicas 29:31

2) El adorador no tiene temor de expresar exteriormente lo que siente en su interior. Cuando la mujer se presentó ante Jesús, estaba llorando.
Esa era una manifestación exterior de su corazón. Un corazón arrepentido y humillado.

El quebrantamiento y las lágrimas son elementos claves de la adoración. Es en una experiencia como la que aquí se describe que se produce una liberación interior e inmediatamente surge la respuesta y provisión divina.

¿Una terapia de adoración? Cuando la persona ha pasado por sufrimientos y experiencias traumáticas a lo largo de su vida, es increíble comprobar cómo la adoración y la búsqueda ardiente de la presencia de Dios es una terapia profunda y renovadora de toda la personalidad.

Vamos así descubriendo con sorpresa, que en medio de ese deseo de Dios de ser adorado por sus hijos se esconde el gran secreto de la sanidad interior y la plenitud espiritual para quienes abren su corazón con verdadera hambre divina. Así el objeto de nuestra adoración se convierte en nuestra mayor bendición. ¿El secreto para alcanzar la felicidad? ¡Deleitarse en la adoración!:

"Deléitate asimismo en Jehová, y él te concederá las peticiones de tu corazón" Salmos 37:4

3) Esta mujer también le besó los pies a Jesús.

La palabra griega para adoración es PROSKUNEO, que significa "dar un beso", inclinarse. Puedes alabar a la distancia, pero para adorar (dar un beso)... tienes que acercarte.

Hay que cultivar el hábito de mirar a Dios para que cuando El se mueva, uno lo sepa.

4) Cómo Lucas llamó pecadora a la mujer, muchos eruditos bíblicos creen que era una prostituta. Cuando le hubo lavado los pies a Jesús, se soltó el cabello largo (algo común que hacían las prostitutas para seducir a sus clientes) ¡Imagínese la actitud de los discípulos y de los que estaban a la mesa!

Los adoradores no pueden pasar desapercibidos y sin llamar la atención.
Por esta razón muchos se abstienen de entrar a la plenitud de la adoración. Se preocupan de lo que los demás pueden pensar de ellos. Por esta razón no pueden fluir junto con la congregación.

No seamos como Simón, que no comprendió lo que hizo esta mujer y que, encima de todo esto, se atrevió a juzgar a Jesús ("si fuera profeta") y menospreciar a la mujer.

5) El adorador recibirá la difamación de unos y el elogio de otros.
No hay formulas de adoración, pues ésta es una función del corazón, el cual expresa en variedad de formas externas.

Hay que decidir si se quiere agradar a los hombres o a Dios.

"Y a ella le dijo: Tus pecados te son perdonados". Lucas 7:48 He aquí la secuencia divina siempre vigente: La mujer adoró, entonces recibió perdón y purificación.

Es posible acercarse a Dios en adoración aunque haya pecado en la vida, y llegar a ser purificado, pero a veces se permite que los sentimientos de culpa le quiten al creyente esa bendición.

Verdades de Dios en la Biblia que nos ayudan a enfrentar esta situación:

"No hay condenación para los que están en Cristo Jesús." Romanos 8:1
"Jehová es nuestra justicia." Jeremías 23:6
"Jesús es nuestra justificación." 1 Corintios 1:30

La culpa y la condenación son algunos de los mayores impedimentos para entrar a la presencia de Dios.

El orden que se dio en esta historia fue que la mujer primeramente adoró, y después fue perdonada.

El creyente no se purifica por adorar, sino que adora y en consecuencia es purificado.

Un problema que debilita la adoración y es muy frecuente es nuestro orgullo. De allí que debemos aprender que la humillación de uno mismo y la exaltación de Dios son la esencia de la adoración.

Mencionemos para tener en cuenta algunos comportamientos equivocados, cuando no tenemos la actitud correcta para adorar, tanto personalmente como en la congregación:

- ¿Alzar las manos y hablar en lenguas "por costumbre"?

- La "opinión" de los demás.
- La adoración por sentimientos.
- Ser adorador sólo de domingos.
- Ser espectador. (Se debe participar, no observar solamente).
- Disfrutar de la música sin atender a su mensaje.
- Hipocresía. "Aborrecí, abominé vuestras solemnidades, y no me complaceré en vuestras

asambleas. Y si me ofreciereis vuestros holocaustos y vuestras ofrendas, no los recibiré, ni miraré a las ofrendas de paz de vuestros animales engordados. Quita de mí la multitud de tus cantares, pues no escucharé las salmodias de tus instrumentos." Amós 5:21-23.

- Una imagen reducida de las OBRAS de Dios ó de Dios mismo. Cuando decimos: "Su presencia está aquí" estamos declarando que Dios está en medio de nosotros. La presencia de Dios es Dios mismo.

Terminamos por ahora recordando que Dios observa la verdadera actitud de tu corazón. Si nuestra disposición es sincera y de arrepentimiento Él siempre nos recibe. No debemos dudar. Una vez limpios por su perdón, podemos disfrutar libremente de una adoración refrescante.

El alcance de Su presencia y las cualidades de Dios

Esto nos llevaría demasiadas páginas. Así que solo veremos algunos conceptos básicos e imprescindibles para un adorador.

Adorar es tan importante como saber a quién adoramos. Lo que inspira al adorador es que, cada vez que adora conoce algo más de Su Persona. Es una intimidad que avanza progresivamente. El adorador se compenetra y se transforma al ministrar adoración. En palabras de San Pablo:

"Por tanto, nosotros todos, mirando a cara descubierta como en un espejo la gloria del Señor, somos transformados de gloria en gloria en la misma imagen, como por el Espíritu del Señor." 2 Corintios 3:18

Es pues, la adoración, una interrelación personal donde las personas se conocen mejor. Así, la palabra que mejor la representa es intimidad. Por ello, la Biblia nos revela atributos y cualidades maravillosas del carácter de nuestro Padre. En sus páginas nos sentimos llevados como el enamorado cuando lee las cartas de amor de su amada. Porque cada palabra revela un aspecto de su amor y de su gloria. Entre algunas de ellas podemos mencionar las siguientes:

La omnipresencia de Dios

"¿Se ocultará alguno, dice Jehová, en escondrijos que yo no lo vea? ¿No lleno yo, dice Jehová, el cielo y la tierra?" Jeremías 23:24 Nuestro Dios está presente en todas partes a la vez. Es de notar que éste es un rasgo que está relacionado con la grandeza de Dios.

Dios lo conoce todo (porque está presente en todas partes). Dado que Su presencia es infinita, El no puede estar distante de nada, y nada puede estar lejos de Su vista. El escudriña nuestros corazones mediante Su Espíritu.

La inmensidad de su presencia

"Dios es quien está sentado por sobre el círculo de la tierra. (¡La gente aquí abajo ha de parecerle saltamontes!) Él es quien extiende el cielo como cortina y de él hace su tienda." Isaías 40:22 (Biblia al día Internacional)

"A los ojos de Dios, las naciones son como una gota de agua en un balde, como una brizna de polvo en una balanza. El Señor pesa las islas como si fueran polvo fino." Isaías 40:15

"¿A dónde podría alejarme de tu Espíritu? ¿A dónde podría huir de tu presencia? Si subiera al cielo, allí estás tú; si tendiera mi lecho en el fondo del abismo, también estás allí. Si me elevara sobre las alas del alba, o me estableciera en los extremos del mar, aun allí tu mano me guiaría, ¡me sostendría tu mano derecha!" Salmos 139:7-10

El Creador contiene al mundo, pero el mundo no contiene al creador. Él no solo está cerca de todos y de todo sino que está en todos y en todo. Pablo lo declaró en Hechos 17: 28, cuando afirmó que "En Él nos movemos y somos."

La infinitud de su presencia

"Pero ¿será posible, Dios mío, que tú habites en la tierra? Si los cielos, por altos que sean, no pueden contenerte, ¡mucho menos este templo que he construido!" 1 Reyes 8:27

Algunos cristianos limitan a Dios a un edificio y se sienten más cercanos a Dios en un edificio dedicado a la adoración. Dios NO está más presente en la iglesia de lo que está en tu hogar. Él está en todas partes, pero está limitado por nuestra fe.

Decir que Dios está más presente en el cielo es limitarlo. La presencia de Dios no está limitada ni por el lugar ni por el tiempo. Isaías 57:15 nos dice que Él habita la eternidad.

La indivisibilidad de su presencia

Todo Dios está en todas partes, en todas las cosas, siempre. El Creador llena su creación. Dios llena la totalidad del cielo y la tierra. Y esto no quiere decir que haya que adorar alguna parte de la creación. O a los seres vivientes creados por Él. Cómo enseña erróneamente la interpretación panteísta de la creación.

Antes, todo lo creado tiene un sólo fin, darle toda la gloria y el honor a Dios cómo el perfecto creador de todo lo que existe. A través de la historia y en las páginas de la Biblia vemos que esto es lo que más molesta a Dios. Que el hombre cambie Su Gloria por algún objeto creado. Pablo le expresa así: "Pues habiendo conocido a Dios no le glorificaron como a Dios..." y agrega: "ya que cambiaron la verdad de Dios por la mentira, honrando y dando culto a las criaturas antes que al Creador, el cual es bendito por los siglos. Amén." Romanos 1:21a y 25

Un buen ejercicio es leer el pasaje entero desde los versículos 18 al 25. Encontraremos cómo Dios se revela a través de lo creado. Y luego desde el 26 al 32 las nefastas consecuencia que vive la humanidad, hasta el día de hoy, por no adorar al Dios vivo y verdadero.

El está en todas partes, no por fragmentos de partes, sino en su totalidad. Este es el misterio de la inmensidad de Dios.

La presencia esencial de Dios no puedes ser multiplicada porque lo que es infinito no puede llegar a ser más grande.

La inmutabilidad de su presencia

"Toda buena dádiva y todo don perfecto desciende de lo alto, del Padre de las luces, en el cual no hay mudanza ni sombra de variación". Santiago 1:17 Dios no cambia, ni puede ser cambiado.

"En el principio tú afirmaste la tierra, y los cielos son la obra de tus manos. Ellos perecerán, pero tú permaneces. Todos ellos se desgastarán como un vestido. Y como ropa los cambiarás, y los dejarás de lado. Pero tú eres siempre el mismo, y tus años no tienen fin." Salmos 102: 25-27

"Yo, el Señor, no cambio. Por eso ustedes, descendientes de Jacob, no han sido exterminados." Malaquías 3:6. Él es perfecto y Su perfección es constante, no hay sombra de variación en Él.

La Potencia de su presencia

Su presencia es una fuerza poderosa. Para que el poder de Dios actúe, Él debe estar presente.

Él puede hacer una cosa tan fácilmente como puede hacer otra. Hace todo fácilmente sin disipar su fuerza. Jamás se cansa. "¿Acaso no lo sabes? ¿Acaso no te has enterado? El Señor es el Dios eterno, creador de los confines de la tierra. No se cansa ni se fatiga, y su inteligencia es insondable". Isaías 40.28

La presencia de Dios nunca necesita ser renovada, porque nunca se agota.

Vemos su habilidad para crear algo de la nada en:
-La creación, "Por la palabra del Señor fueron creados los cielos, y por el soplo de su boca, las estrellas. Porque Él habló, y todo fue creado; dio una orden, y todo quedó firme". Salmos 33:6,9

-La redención de los perdidos.
Dos áreas en las cuales el poder de Su presencia se ve claramente.
Su presencia no es menos que Su poder y Su poder no es menos que Su presencia.

La pureza de su presencia

Su presencia es pura, sin mezcla de ninguna otra cosa. Aunque Él llena el cielo y la tierra, no se mezcla con ellos. Nada se convierte en Dios simplemente porque se mueva en Él. El pez se mueve en el mar, pero no es el mar.

No porque Dios esté en todas las cosas debemos adorar todas las cosas. Solo Dios debe ser adorado. Quien adora lo creado no adora al Creador.

La pureza de Dios se mantiene en medio de la inmundicia. Nada puede contaminarlo. Su presencia es perfectamente pura.

La efectividad de su presencia
Dios está presente en todas partes.
- Por Su autoridad. Todas las cosas están sujetas a Él.
- Por Su poder. Todas las cosas están sostenidas por Él.
- Por Su conocimiento. Todas las cosas están desnudas delante de Él.

El está presente providencialmente con todos. Su poder se extiende hasta las más bajas de Sus criaturas; y Su conocimiento percibe todo: "Tu justicia es como las altas montañas; tus juicios, como el gran océano. Tú, Señor, cuidas de hombres y animales." Salmos 36:6

"El Hijo es el resplandor de la gloria de Dios, la fiel imagen de lo que él es, y el que sostiene todas las cosas con su palabra poderosa. Después de llevar a cabo la purificación de los pecados, se sentó a la derecha de la Majestad en las alturas." Hebreos 1:3. Está presente con todas las cosas para mantenerlas, guardarlas, vigilarlas y guiar su progreso.

La objetividad de su presencia

Él se dispone a una relación personal. Se ofrece a Sí mismo para ser conocido y amado por ellas.

La tangibilidad de su presencia

La presencia de Dios en todas partes es tan real que puede ser sentida. Es evidente para nuestros sentidos. "De un solo hombre hizo todas las naciones para que habitaran toda la tierra; y determinó los períodos de su historia y las fronteras de sus territorios. Esto lo hizo Dios para que todos lo busquen y, aunque sea a tientas, lo encuentren. En verdad, él no está lejos de ninguno de nosotros." Hechos 17.26-27.

Estas son sólo algunas de las maravillosas cualidades de carácter santo de nuestro Padre que nos mueven a adorarle. Todo empeño en adorar es un gran avance para nuestro carácter. Cada vez que lo intentamos, y esto a pesar de nuestras deficiencias, Él cumple su palabra. Él nos ama, y por ello aprovecha cada intento para transformarnos gradualmente de "gloria en gloria". ¡Gracias Padre, por crearnos con la capacidad de adorarte!

Razones para que exista la adoración congregacional

Vamos a fijar ahora, tres aspectos generales en los cuales los encuentros de adoración nos ministran:

-El aspecto vertical de la adoración. El adorador se comunica con Dios.

-El aspecto horizontal. El adorador se comunica con otros en la congregación.

-El aspecto interno. Está relacionado en la manera como el encuentro afecta al adorador.

Cada uno de esto puntos en particular, pero también a su vez interrelacionados, nos ayudará a descubrir y entender mejor nuestro papel en la adoración. Por ello los examinaremos más detenidamente.

1- El aspecto vertical

En nuestro corazón se manifiesta la verdadera motivación. Por ello debemos revisarnos interiormente. Lo primero que tenemos que establecer, es que en la adoración, la razón primordial para practicarla no debe ser egoísta. No es "bendíceme, Señor" sino "bendeciré al Señor". En todo lo que tenga que ver con ministrar al Señor, debemos poner delante de nosotros siempre el principio divino.

"El alma generosa será prosperada. El que saciare, el también será saciado." Proverbios 11:25

Cuando se bendice al Señor de verdad, uno se bendice a sí mismo; por ello es importante que la motivación sea la correcta. Ya que cuando el hombre descubre su vocación de adorador, para la cual a sido creado, Dios ha dispuesto en su infinito amor por nosotros que recibamos bendición. No en un área de su vida solamente sino, una bendición plena y total.

Vea 3 de Juan 2. La frase: "...así como prospera tu alma." Es profundamente reveladora. Porque nos revela la condición para el cumplimiento de esta promesa. Dios espera que seamos espirituales. Que trabajemos para serlo. ¿Qué mejor desafío que el de ser un adorador? Hoy en día se habla mucho de "prosperidad", pero lo que no entendemos es lo que prosperidad significa para Dios. Su bendición es verdadera prosperidad... "...porque la bendición de Dios es la que enriquece; y no añade tristeza con ella."

Prosperidad es habitar en su presencia. En Salmo 27:4 David lo sabía. Y aunque materialmente nada le faltaba. El decía: "Lo que pido de Dios, lo que más deseo, es el privilegio de meditar en su Templo, vivir en su presencia cada día de mi vida, deleitarme en sus perfecciones y gloria incomparables. (Biblia al día Internacional)

Lo que mueve al adorador a buscar a Dios es poder percibir la presencia de Dios. "Donde están dos o tres reunidos en mi nombre allí estoy yo...", "...Jehová habita en la alabanza de su pueblo." Por ello busca. Anhela y desea fervientemente...porque sabe que ante un corazón dispuesto estas palabras se cumplen sin duda alguna. Comprende que su riqueza es la misma presencia de Dios. ¿Si tienes su presencia que puede faltarte?

En la presencia de Dios se revela Su poder. Cuando este poder está presente y se manifiesta suceden muchas cosas grandiosas.
Así, la adoración suministra un ambiente especial para la expresión y el desarrollo de los dones del Espíritu.

Es, por ejemplo, en la adoración personal ó congregacional cuando Dios permite que funcionen los diferentes dones espirituales que tanto bendicen al cuerpo de Cristo. Dios tiene mucho para hablarnos y darnos a través de la profecía. La que puede ser en el propio idioma o con lenguas y cánticos espirituales. Despertando así también el don de interpretación de lenguas.

En la adoración, y cuando los ríos de Dios comienzan a fluir en el interior de los que ministran, nos sentimos capaces de dejar a un lado, (y es necesario que lo hagamos así) todo sentimiento de culpa y depresión. No debemos escondernos de Dios sino abrir nuestros corazones en libertad. Esto a su vez tiene el resultado maravilloso de recibir fuerzas renovadas en su presencia. Sólo en su presencia se encuentra el reposo y la paz que necesitamos.

En la poesía del libro de Cantares encontramos toda una descripción del anhelo del novio por su amada. De como el desea verla y escuchar su voz. Y esta es una figura exacta que retrata la intimidad de Cristo y de su iglesia.

Veamos solo un ejemplo en Cantares 2:14:
"Mi paloma se oculta tras unas rocas, tras un saliente del risco. Llámame, y déjame escuchar tu bella voz y ver tu hermoso rostro." (Biblia al día Internacional)
Aquí vemos como Dios anhela escucharnos. El quiere conocerte y que al mismo tiempo tú le conozcas. Quiere revelarte cosas grandes y ocultas que aún no conoces. "Clama a mí y te responderé, y te daré a conocer cosas grandes y ocultas que tú no sabes." Jeremías 33:3 Debes aprender a darles expresión a esos sentimientos que por tanto tiempo has escondido. La conexión vertical comienza cuando abrimos nuestro corazón y lo derramamos delante de Dios. Cada día es una oportunidad para adorarle. ¡No lo dejes pasar!

2- El aspecto horizontal

Es interesante notar habiendo llegado hasta aquí, que la alabanza y adoración congregacional contribuyen a desarrollar el espíritu de unidad dentro de la iglesia.

El canto y la música unifican a las personas en mente, actividad y actitud. Cuando un grupo canta una canción, todos los integrantes dicen las mismas palabras, hacen las mismas cosas y participan de la misma actividad. Veamos un ejemplo acerca de la importancia de la armonía congregacional, que nace como efecto de la unidad de propósito:

"¡Mirad cuán bueno y cuán delicioso es habitar los hermanos juntos en armonía! Es como el buen óleo sobre la cabeza, el cual desciende sobre la barba, la barba de Aarón, y baja hasta el borde de sus vestiduras; como el rocío de Hermón, que desciende sobre los montes de Sión; porque allí envía Jehová bendición, y vida eterna". Salmo 133

Es notable que en un ambiente así, entre otras cosas, descienda la unción del Espíritu Santo sobre los participantes y luego dice el versículo 3 que Dios envía, como premio a esta armonía dos regalos sobrenaturales, primero, bendición y luego, vida eterna. Y es que en una iglesia que adora de esta manera los hermanos no sólo reciben bendiciones, sino que se convierte en una iglesia evangelizadora, los pecadores que llegan alcanzan la "vida eterna".

Debe quedar establecido que la alabanza y adoración es un poderoso instrumento de unidad. Por otra parte, pero totalmente relacionado a esto, hay un efecto que yo llamaría el alcance del amor mutuo expresado entre los hermanos. Todo esto como resultado de una verdadera adoración al Dios vivo y verdadero. Juan lo expresa de esta manera:

"Dios mismo ha dicho que no sólo debemos amarlo a Él, sino también a nuestros hermanos." 1 Juan 4:21 (Biblia Internacional al día) En una atmósfera de adoración la gente sabe manifestar un amor verdadero a su prójimo.

Otra contribución de la alabanza y adoración es, que es el perfecto medio para complacer el deseo de Dios de ser alabado de verdad por sus hijos.
"Te alabaré, oh Jehová, entre los pueblos, a Ti cantaré salmos entre las naciones." Salmo 108:3.

Así también, como ya mencionamos, la alabanza y adoración son un instrumento poderoso para la evangelización.
"Hablaré de tus testimonios delante de los reyes, y no me avergonzaré; y me regocijaré en tus mandamientos, los cuales he amado." Salmo 119:46,47
Anuncia tu fe al mundo. Habla a otros de las características y naturaleza salvadora de Dios en Cristo.

Y por último, la alabanza y la adoración preparan nuestro corazón para la Palabra de Dios.
"Alzaré asimismo mis manos a tus mandamientos que amé, y meditaré en tus estatutos." Salmo119:48
"La palabra de cristo more en abundancia en vosotros, enseñándoos y exhortándoos unos a otros en

toda sabiduría, cantando con gracia en vuestros corazones al Señor con Salmos e himnos y cánticos espirituales." Colosenses 3:16

El cantar la palabra de Dios, es una forma muy efectiva de memorizar las escrituras. La alabanza y adoración preparan el terreno de nuestro corazón. Si hemos adorado en espíritu y en verdad, la tierra que estaba dura y con estorbos será removida y convertida para que la semilla de la palabra de Dios penetre en nuestros corazones y nos transforme.

Pensando en esto podemos leer Lucas 1:17, encontraremos en Juan el Bautista un modelo de alabanza y adoración, él sabia que todo el sentido de su ministerio consistía en "...preparar al Señor un pueblo bien dispuesto." Así debe ser la motivación de cada ministro al ofrecer adoración. Sea en el ministerio de predicación, alabanza y adoración, enseñanza o dones del espíritu. Enseñarle al pueblo una buena disposición (ó actitud) para adorar a Dios es una prioridad. ¿Por qué debe ser así? La misma Biblia lo responde. "Porque allí envía Dios vida eterna y bendición." ¡Eso si que vale el esfuerzo de entrar en la escuela de adoración!

3- Lo que realiza la adoración en el interior del creyente

Un primer aspecto a tratar, es que la adoración congregacional permite al creyente expresar sin inhibiciones su ser interior.

Esta clase de adoración permite que el creyente sea tan transparente con el Señor como lo será en el cielo.

Aquí debemos destacar que la intimidad de la adoración es un proceso sanador. Para que ello suceda deberemos mirar en "el cuarto secreto de nuestro corazón".

Puede que encontremos barreras internas de protección que nos impidan abrirnos a la presencia del Espíritu Santo. Generalmente, la obra de Dios en el corazón de un adorador, comienza con un gran quebrantamiento, una convicción de pecado que hace que el corazón se derrame.

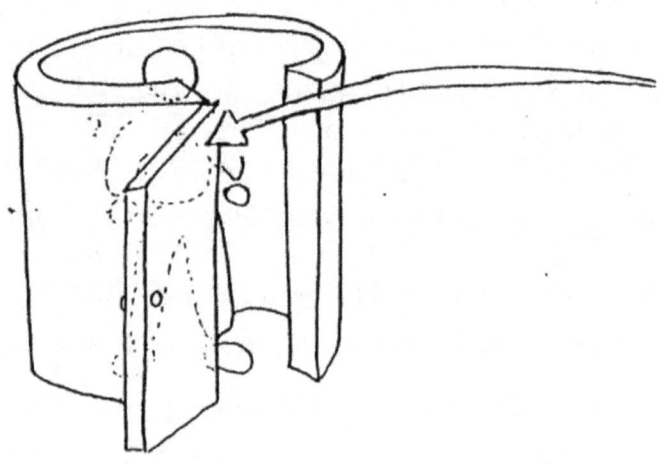

Las experiencias traumáticas de nuestra vida han levantado ese cerco de protección. Es como bajar la persiana por temor a sufrir si nos dejamos tratar por el Señor. Lo que la cultura nos enseña es: ¡Levanta la pared de protección!

Así que, es urgente que examinemos nuestro corazón. Al cuarto secreto. ¿Está la puerta abierta o cerrada? Y aunque este trato se refiere más bien a la adoración personal, no dejará de manifestarse en la adoración congregacional. Ya que para que el Espíritu Santo haga una obra completa en el interior del creyente, la primera deberá anteceder a la segunda.

Oración: "Señor, ayúdame a postrarme a tus pies. Buscarte con más ahínco. Con más fervor. Con más entrega. No quiero levantarme de mis rodillas hasta que sienta que has entrado a cada cuarto de mi corazón que mantenía cerrado. Derrama tu gracia abundantemente sobre mí. "En tu luz, veremos la luz." ¡Amén!

Adorando a un Dios que es Espíritu

Esto quiere decir que no debemos adorar equivocadamente. En ningún caso la iglesia cristiana debe confundir las prácticas paganas. Nuestro modelo no es el paganismo. Que se presenta hoy en día disfrazado en medio de la sociedad con ritos y propuestas engañosas.

Esto lo vimos anteriormente, por ello seria bueno repasar estos pasajes detenidamente:

" Nuestro Dios está en los cielos y puede hacer lo que le parezca.

Pero sus ídolos son de oro y plata, producto de manos humanas.

Tienen boca, pero no pueden hablar; ojos, pero no pueden ver;

tienen oídos, pero no pueden oír; nariz, pero no pueden oler;

tienen manos, pero no pueden palpar; pies, pero no pueden andar;

¡ni un solo sonido emite su garganta! Semejantes a ellos son sus hacedores, y todos los que confían en ellos."
Salmo 115:3-8

"A pesar de haber conocido a Dios, no lo glorificaron como a Dios ni le dieron gracias, sino que se extraviaron en sus inútiles razonamientos, y se les oscureció su insensato corazón.

Y cambiaron la gloria del Dios inmortal por imágenes que eran réplicas del hombre mortal, de las aves, de los cuadrúpedos y de los reptiles."
Romanos 1:21,23

Esto es un claro contraste de la adoración equivocada ante la grandeza del verdadero Dios. Dios es espíritu. Y los que adoran deben hacerlo en espíritu y verdad, nos enseñó Jesús.

¿Por qué insiste tanto la Biblia en evitar caer en la

idolatría y el paganismo? Sencillamente, porque se nos enseña que uno se vuelve semejante a lo que adora. No podemos adorar ídolos muertos y ser insensibles al espíritu de las tinieblas que se mueve allí. En cambio los que adoran en el espíritu a un Dios que es espíritu, pasando tiempo con él, se le parecerán bastante y reflejarán su gloria.

"Así, todos nosotros, que con el rostro descubierto reflejamos como en un espejo la gloria del Señor, somos transformados a su semejanza con más y más gloria por la acción del Señor, que es el Espíritu." 2 Corintios 3:18.

Otro aspecto interesante, es que la adoración congregacional inspira (y debe inspirar), a llevar una vida de adoración. Si somos llenos debemos seguir llenos toda la semana. Esto tiene que ver, no solamente con participar en una reunión de adoración, sino también llevar una VIDA de adoración. No somos más espirituales cuando estamos en la iglesia participando de una reunión y sus cantos. Si somos espirituales, viviremos en el espíritu las 24 hs de cada día. No porque seamos perfectos. Sino porque somos adoradores en formación. Estamos en la escuela "del espíritu". Voluntariamente.

Hay en Él algo que nos atrae... y de pronto, ¡estamos corriendo hacia su presencia! Si hay algo que destaca a un adorador es su "santa desesperación" por la presencia de Dios. ¿Qué pasaría si una congregación entera se sintiera como un ciervo sediento?

Comienza con uno... dos... tres... es contagiosa... Hasta que todo un pueblo adora fluyendo en ríos de agua viva. Esto no es otra cosa que la visión de un adorador para su iglesia. La verdadera adoración trae visión. Pero comienza en el corazón de un hombre hambriento por Dios. Entre algunas de las hermosas descripciones que la Biblia hace de ese tipo de personas, la siguiente me gusta mucho:

"¡Así como el ciervo jadea anhelando el agua, te anhelo yo, oh Dios!
Tengo sed de Dios, del Dios vivo.
¿Dónde hallarlo, para ir a estar en su presencia?
Día y noche lloro suplicando su ayuda, y mientras tanto mis enemigos se mofan de mí.
"¿Dónde está ese Dios tuyo?" dicen burlones.

¡Cobra valor alma mía! ¿Recuerdas aquellos tiempos -¡cómo olvidarlos!- cuando guiabas a una gran multitud hacia el templo en días de fiesta, cantando con gozo, alabando al Señor?
Entonces, ¿porqué desalentarse? ¿Por qué estar desanimado y triste? ¡Espera en Dios! ¡Aún lo alabaré de nuevo! Sí, otra vez lo alabaré por su ayuda.

Allí acudiré al altar de Dios, mi gozo sobreabundante, y lo alabaré con mi arpa. ¡Oh Dios, mi Dios! Oh alma mía, ¿por qué tanta melancolía y desaliento? ¡Confía en Dios!
Nuevamente lo alabaré por su maravilloso auxilio. El me hará sonreír otra vez, porque El es mi Dios."

Salmo 42:1-5 y 43:4-5 (Biblia al día Internacional)

Lo último que destacaremos bajo este título, es que la adoración congregacional, prepara al creyente para "el próximo paso" de Dios. Veamos qué queremos afirmar con esto.

"...os haga aptos en toda obra buena para que hagáis su voluntad, haciendo él en vosotros lo que es agradable delante de él por Jesucristo; al cual sea la gloria por los siglos de los siglos. Amén." Hebreos 13:21 Dios quiere hacer algo en nuestra vida. Y es algo que a él le agrada.

Es muy notable como Dios desafía a su pueblo, y a cada hijo en particular a buscar lo mejor que Él tiene para darnos. Suele suceder muy a menudo que el pasado nos impida apropiarnos de las bendiciones presentes. Si es tu caso presta atención a las siguientes palabras:

"No os acordéis de las cosas pasadas, ni traigáis a memoria las cosas antiguas." Isaías 43:18

Es muy importante aceptar el perdón de Dios y renunciar al pasado. Una vez hecho esto, sólo nos resta mirar hacia adelante con el propósito de ser "verdaderos adoradores."

Sí, Dios quiere hacer algo nuevo y bonito con nuestras vidas. Con nuestro ministerio. Con nuestros dones. Por eso, enseguida nos lanza un desafío en términos de lo que yo llamaría "una expectativa sobrenatural gloriosa".

"He aquí que yo hago cosa nueva; pronto saldrá a luz, ¿no la conoceréis? Otra vez abriré camino en el desierto, y ríos en la soledad." Isaías 43:19

La primera parte de este verso es la expectativa sobrenatural. Sólo los adoradores entienden este lenguaje. Es un desafío a cosas mejores. A dejar lo de siempre y buscar lo nuevo. Es comprender que los caminos de Dios son una aventura espiritual excitante. Llena de obstáculos tal vez, pero que nos llevan de "gloria en gloria y de poder en poder." El adorador no se aclimata al status quo... no se conforma... sabe que hay mas y lo quiere. En su bandera esta escrita la frase de David: mi alma tiene sed de Dios. No me es suficiente, ¡Quiero más!

La segunda parte nos deja ver lo que puede lograr una verdadera inquietud espiritual. Caminos en el desierto. Ríos en la soledad. No hay como adorar para ver cómo por la intervención divina cada desierto de la vida se convierte en un vergel. Sobrenaturalmente, claro... ¿de que otra manera podría ser?

Hoy la sociedad esta enferma de soledad. Este es uno de los peores males que azotan a esta generación tan envalentonada por los avances tecnológicos mas sofisticados. Pero que no llenan la profunda soledad del alma humana. Dios dice "quiero hacer algo nuevo y quiero hacerlo contigo." El hará nacer ríos en tu soledad. ¿Cómo no adorar a un Dios tan bondadoso? Si tú te sientes sólo Cristo te esta susurrando estas palabras:

"Si alguno tiene sed, venga a mí y beba. El que cree en mí, como doce la Escritura, de su interior correrán ríos de agua viva." San Juan 7:37,38

El adorador aprende a vivir en lo sobrenatural. El sabe que su Dios hace fluir ríos de agua viva en el corazón de los que creen.

4
El cántico nuevo

"...hablando entre vosotros con salmos, con himnos y cánticos espirituales, cantando y alabando al Señor en vuestros corazones..." Efesios 5:19

"La palabra de Cristo more en abundancia en vosotros, enseñándoos y exhortándoos unos a otros en toda sabiduría, cantando con gracias en vuestros corazones al Señor con Salmos e himnos y cánticos espirituales." Colosenses 3:16

Comenzaremos aclarando algunos términos:
-Salmo: es un canto de las escrituras que se interpretaba con su correspondiente música.
-Himno: canto de composición humana, con la ayuda creativa del Espíritu Santo.
-Cantos espirituales: canción espontánea, nunca ensayada, que el espíritu del hombre eleva a su creador.

Algunas de sus características:
-Son individuales, únicos para cada persona.
-Requieren iniciativa personal.
-Liberan el mensaje que Dios tiene para ese momento.
-Aunque son personales, en la congregación se manifiestan con melodías que se coordinan las unas con las otras, en forma armoniosa.
-Se manifiestan de menor a mayor, llegando a un clímax de verdadera gloria sobrenatural en la adoración. En ese punto los ríos del Espíritu pueden manifestarse de múltiples maneras. Cómo por ejemplo en profecía, palabras de ciencia, dones de sanidad, etc.

Hasta aquí y a lo largo de toda la materia, hemos visto como acercarnos a la presencia de Dios y de qué manera podemos hablar con Él. Ahora, no debemos escapar a la realidad de que cuando hay comunión entre dos personas, en esa relación existe el dialogo; las dos personas hablan, nunca a la misma vez, porque se respetan y se aman. (En este caso, nosotros y Dios).

El amor que tenemos hacia Dios debe fluir como un medio de comunicación. así como todo nuestro ser se expresa delante de el, así también Dios quiere y desea hablarnos.

El cántico del Señor o cántico profético

"Puso luego en mi boca cántico nuevo, alabanza a nuestro Dios." Salmo 40:3

"...y de noche su cántico estará conmigo, y mi oración al Dios de mi vida." Salmo 42.8b

"... ¿Dónde está Dios mi hacedor, que da cánticos en la noche?..." Salmo 149.1

"Cantad a Jehová cántico nuevo; su alabanza sea en la congregación de los santos." Job 35:10

Es importante notar que el cántico nuevo lo pone Dios mismo en el corazón y en la boca de sus hijos para que le ofrenden alabanza.

Así que es conveniente que la alabanza de Dios exista en nuestras reuniones hoy. Debemos hacer una diferencia entre "nuestra alabanza" y "su alabanza" como vemos en los textos que nos preceden, pues en el canto nuevo o profético el origen nace de Dios mismo.

Este cántico profético, esta formado por dos elementos:
-La profecía, que es el ingrediente divino.
-La música, medio por el cual se expresa ese factor

divino.

¿Cómo se produce el canto de liberación?

Tomando como referencia el salmo 32, haremos un breve bosquejo de este proceso vivificante del Espíritu.

"Mientras guardé silencio, mis huesos se fueron consumiendo por mi gemir de todo el día. Mi fuerza se fue debilitando como al calor del verano, porque día y noche, tu mano pesaba sobre mí." Salmos 32.3-4

Este versículo expresa el estado del interior de David:
-Estaba encerrado en sí mismo
-Culpó a Dios.

"Pero te confesé mi pecado, y no te oculté mi maldad. Me dije: «Voy a confesar mis transgresiones al Señor», y tú perdonaste mi maldad y mi pecado." Salmos 32.5

Aquí David vence su orgullo y presenta su situación a Dios.

"Por eso los fieles te invocan en momentos de angustia; caudalosas aguas podrán desbordarse, pero a ellos no los alcanzarán." Salmos 32.6

Es por esto que él oraba siempre y por lo nosotros debemos hacer lo mismo.

"Tú eres mi refugio; tú me protegerás del peligro y me rodearás con cánticos de liberación." Salmos 32.7

Hay cánticos que liberan nuestro pesar.

-Salmo 81:10 "Yo soy el Señor tu Dios, que te sacó de la tierra de Egipto. Abre bien la boca, y te la llenaré."
-Isaías 57:19 "Les haré proclamar esta alabanza: ¡Paz a los que están lejos, y paz a los que están cerca! Yo los sanaré —dice el Señor—"
-Isaías 59:21 "no faltarán mis palabras en tu boca."

Hasta aquí, podemos ver una verdad muy notable. Son como dos cuadros en la vida del salmista. El primero, es pintado con los trazos de una vida introvertida, con sentimientos de culpa y sequedad espiritual. Así es la vida, hasta que no nos quebrantamos en su presencia. Es extraño como el ser humano escapa de Dios, sólo para luego sentirse insatisfecho y en una profunda soledad.

El otro cuadro, es pintado con el trazo inconfundible de la entrega. Jesús dijo que "si el grano de trigo no cae a tierra y muere no lleva fruto..." En la guerra el que se rinde ya no tiene derecho a lo que el quiere. Aquí es la guerra entre el orgulloso yo, y el corazón del hombre nuevo. En el momento clave de esta entrega se produce la muerte del yo. En la vida espiritual morir significa empezar a vivir de verdad. Allí el frío corazón de piedra se rompe por la fuerza espiritual del maestro. Puedo imaginar que nuestras lágrimas tienen un valor purificador. La muerte es el camino a la vida. A los ríos de agua viva. La boca se abre llena de cánticos de alabanza. Las palabras de Dios fluyen por nuestras bocas. No te resistas. No vale la pena. Pablo lo describe muy bien:

"En realidad, también yo he muerto en la cruz, junto con Jesucristo. Y ya no soy yo el que vive, sino que es Jesucristo el que vive en mí. Y ahora vivo gracias a mi confianza en el hijo de Dios, porqué el me amó y quiso morir para salvarme". Gálatas 2:20 Biblia para todos

"El Señor dice: Yo te instruiré, yo te mostraré el camino que debes seguir; yo te daré consejos y velaré por ti." Salmos 32.8

En el versículo 8 vemos que el deseo de Dios es que dejemos nuestro camino en sus manos. Dios se compromete a asegurarnos que nunca estaremos confundidos, ni desconcertados en cuanto al conocimiento de su voluntad para nuestras vidas. Sólo debemos estar alerta. Eso no es difícil para un adorador. Su espíritu está sensible al Espíritu Santo. Te haré entender. Te enseñaré. Considera con atención las escrituras siguientes. Cada una nos muestra algunos aspectos a tener en cuenta para asegurarnos de estar abiertos a su enseñanza. Claro, me refiero a enseñanza sobrenatural. Enseñanza del Espíritu. ¿No es maravilloso? Reflexionemos entonces:

¿Como saber cual es el camino que debemos escoger?

Hay sólo una manera y es oír la voz de Dios. "Así

dice el Señor, tu Redentor, el Santo de Israel: «Yo soy el Señor tu Dios, que te enseña lo que te conviene, que te guía por el camino en que debes andar." Isaías 48.17

-"Escucha, pueblo mío, mis advertencias; ¡ay Israel, si tan sólo me escucharas! No tendrás ningún dios extranjero, ni te inclinarás ante ningún dios extraño." Salmos 81.8-9
Aquí "dios extranjeros" son los demonios y "dios extraño" son los ídolos.
-"Jotán llegó a ser poderoso porque se propuso obedecer al Señor su Dios."
2 Crónicas 27:6
-"Encomienda al Señor tu camino; confía en él, y él actuará". Salmos 37.5
-"Endereza las sendas por donde andas; allana todos tus caminos." Proverbios 4:26,27
-"El camino del Señor es refugio de los justos y ruina de los malhechores." Proverbios 10:29

"No seas como el mulo o el caballo, que no tienen discernimiento, y cuyo brío hay que domar con brida y freno, para acercarlos a ti." Salmos 32.9

En este versículo vemos una advertencia de Dios. Esta es una figura muy directa de lo que puede ser y hacer la naturaleza humana cuando no está rendido al Espíritu Santo. La palabra que la representa es rebelión. Y es una actitud que trae a la vida mucho dolor. En cambio el que rinde su voluntad "le rodea su misericordia".

"Muchas son las calamidades de los malvados, pero

el gran amor del Señor envuelve a los que en él confían." Salmos 32:10

Las siguientes escrituras nos iluminan aún más:
-"Si hubieras prestado atención a mis mandamientos, tu paz habría sido como un río; tu justicia, como las olas del mar." Isaías 48.18

- "Pero mi pueblo no me escuchó; Israel no quiso hacerme caso. Por eso los abandoné a su obstinada voluntad, para que actuaran como mejor les pareciera. Si mi pueblo tan sólo me escuchara, si Israel quisiera andar por mis caminos." Salmos 81:11-13

¿Quienes son las personas que no atienden a la voz de Dios?

-Los impíos, así traduce la versión Reina Valera. Otras dicen: los pecadores o malvados.

Características de los pecadores
-Tienen muchos dolores, se encierran en sí mismos. Como ya lo vimos en Salmo 32:3,4,10.
-No oyen la voz de Dios. Como lo dice en Salmos 81.11-13
-No pueden estarse quietos. "pero los malvados son como el mar agitado, que no puede calmarse, cuyas olas arrojan fango y lodo." Isaías 57:20
-No tienen paz. "No hay paz para el malvado, dice el Señor." Isaías 48:22
" La codicia de mi pueblo es irritable, por perversa, en mi enojo, lo he castigado; le he dado la espalda, pero él prefirió seguir sus obstinados caminos." Isaías 57:17

-Pero Dios dice: "He visto tus caminos, y te sanaré." (versiculo18). Siempre en la presencia de Dios está lo que necesitamos. Cuando decidimos darle la espalda al pecado y buscar a Dios de todo corazón, entonces se abre ante nosotros una nueva manera de vivir. La experiencia de vivir en bendición. Esa es la experiencia normal de un adorador:

"Yo los guiaré constantemente,
les daré agua en el calor del desierto,
daré fuerzas a su cuerpo,
y serán como un jardín bien regado,
como una corriente de agua."
Isaías 58:11

Oración: "Señor, dame sabiduría para aprender cuando me enseñes. Concédeme la gracia de "entender" lo que me revelas y por sobretodo de obedecerte. Sé que mi mejor adoración es obedecerte. Gracias por escucharme. Amén."

¿Cómo alcanzar la bendición?

Cosas de las cuales nos tenemos que despojar y cosas que debemos hacer para oír la voz de Dios y recibir su bendición:

Llamarás, y el Señor responderá;
pedirás ayuda, y él dirá: "¡Aquí estoy!"
»Si desechas el yugo de opresión,
el dedo acusador y la lengua maliciosa,

si te dedicas a ayudar a los hambrientos
y a saciar la necesidad del desvalido,
entonces brillará tu luz en las tinieblas,
y como el mediodía será tu noche.
El Señor te guiará siempre;
te saciará en tierras resecas,
y fortalecerá tus huesos.
Serás como jardín bien regado,
como manantial cuyas aguas no se agotan.
Tu pueblo reconstruirá las ruinas antiguas
y levantará los cimientos de antaño;
serás llamado "reparador de muros derruidos",
"restaurador de calles transitables".
Isaías 58:9-12

1- El Yugo.
- Dominio que algo o alguien tiene sobre ti.
- Dinero.
- Alguna persona.
- Problemas.
- Quehaceres, afanes.
- Malos pensamientos.
- Trabajo, estudios etc.

2- El dedo acusador.
"Luego oí en el cielo un gran clamor: «Han llegado ya la salvación y el poder y el reino de nuestro Dios; ha llegado ya la autoridad de su Cristo. Porque ha sido expulsado el acusador de nuestros hermanos, el que los acusaba día y noche delante de nuestro Dios."
Apocalipsis 12:10

- Satanás, quien te acusa y te desprecia, quiere

destruirte.

"¿Quién acusará a los escogidos de Dios? Dios es el que justifica." Romanos 8:33

-Hay autoridad en Jesús.

3- El hablar vanidad
-Cosas inútiles, inmorales, que no tienen valor.

- "Y es que hay muchos rebeldes, charlatanes y engañadores, especialmente los partidarios de la circuncisión. A ésos hay que taparles la boca, ya que están arruinando familias enteras al enseñar lo que no se debe; y lo hacen para obtener ganancias mal habidas." Tito 1.10-11

Personas que: hablan y enseñan vanidades.

4- Dar tu pan al hambriento. Hacer buenas obras
- "No se olviden de hacer el bien y de compartir con otros lo que tienen, porque ésos son los sacrificios que agradan a Dios." Hebreos 13:16

- "¿Quién es sabio y entendido entre ustedes? Que lo demuestre con su buena conducta, mediante obras hechas con la humildad que le da su sabiduría." Santiago 3:13

- "No reprobado en toda buena obra. Profesan conocer a Dios, pero con sus acciones lo niegan; son abominables, desobedientes e incapaces de hacer nada bueno." Tito 1:16

5- Sanar el alma afligida
- Ministrar, evangelizar, dar lo que uno ha recibido.

- Macedonia y Acaya fueron provistos espiritualmente y dieron de sus bienes materiales en reconocimiento. "Ya que Macedonia y Acaya tuvieron a bien hacer una colecta para los hermanos pobres de Jerusalén. Lo hicieron de buena voluntad, aunque en realidad era su obligación hacerlo. Porque si los gentiles han participado de las bendiciones espirituales de los judíos, están en deuda con ellos para servirles con las bendiciones materiales." Romanos 15:26,27

- Pedro nos dice que debemos dar lo que Dios nos ha dado. "Cada uno ponga al servicio de los demás el don que haya recibido, administrando fielmente la gracia de Dios en sus diversas formas. El que habla, hágalo como quien expresa las palabras mismas de Dios; el que presta algún servicio, hágalo como quien tiene el poder de Dios. Así Dios será en todo alabado por medio de Jesucristo, a quien sea la gloria y el poder por los siglos de los siglos. Amén." 1 Pedro 4:10,11

"El Señor omnipotente me ha concedido tener una lengua instruida, para sostener con mi palabra al fatigado. Todas las mañanas me despierta,
y también me despierta el oído, para que escuche como los discípulos."
Isaías 50:4

Despojándonos de estos obstáculos y dando de lo que hemos recibido, podremos disfrutar plenamente de lo que viene a continuación.

Bendiciones de Dios

- "Te pastoreará siempre." Acción del pastor: cuidar y guiar a las ovejas a pastos frescos.
"Yo soy el buen pastor. El buen pastor da su vida por las ovejas." Juan 10:11 Jesús se preocupará de que andes por el buen camino.

- "Saciará tu alma." Si Jesús es tu pastor, tendrás la mejor comida espiritual. Te alimentará con lo mejor.
"Y a ti te alimentaría con lo mejor del trigo; con miel de la peña te saciaría." Salmo 81:16 Esto le hubiera ocurrido a Israel si hubiera atendido a la voz de Dios.

- "Dará vigor a tus huesos." Dos clases de fuerzas para el débil:
1- La fuerza que Dios da. "Él fortalece al cansado y acrecienta las fuerzas del débil." Isaías 40:29
2- La fuerza que el gozo de Dios da. "Luego Nehemías añadió: «Ya pueden irse. Coman bien, tomen bebidas dulces y compartan su comida con quienes no tengan nada, porque este día ha sido consagrado a nuestro Señor. No estén tristes, pues el gozo del Señor es nuestra fortaleza.»" Nehemías 8:10
" Por eso me regocijo en debilidades, insultos, privaciones, persecuciones y dificultades que sufro por Cristo; porque cuando soy débil, entonces soy fuerte." 2 Corintios 12:10

- "Serás como huerto de riego."
El verdor de David se secó por su angustia. "Mi fuerza se fue debilitando como al calor del verano, porque día y noche tu mano pesaba sobre mí." Salmo

32:4

- "Serás como manantial de aguas."
Lleno del Espíritu Santo. "En el último día, el más solemne de la fiesta, Jesús se puso de pie y exclamó: —¡Si alguno tiene sed, que venga a mí y beba! De aquel que cree en mí, como dice la Escritura, brotarán ríos de agua viva." Juan 7:37,38

"En cuanto a mí —dice el Señor—,
éste es mi pacto con ellos:
Mi Espíritu que está sobre ti,
y mis palabras que he puesto en tus labios,
no se apartarán más de ti,
ni de tus hijos ni de sus descendientes,
desde ahora y para siempre —dice el Señor—."
Isaías 59:21

No faltarán palabras a tu boca.

"El Señor omnipotente me ha concedido
tener una lengua instruida,
para sostener con mi palabra al fatigado.
Todas las mañanas me despierta,
y también me despierta el oído,
para que escuche como los discípulos."
Isaías 50:4.

- "Los tuyos..." Aquellos a los cuales has ministrado.

Restauración de vidas.
Edificarán nuevas moradas para que habite el Espíritu Santo.

"Reparador de portillos."
Arreglaras las puertas por donde el enemigo se puede colar.

"Restaurador."
Junto a la ayuda del Espíritu Santo ordenarás el cuarto interior de la persona herida.

Cuando repasamos todas estas bendiciones, que no merecemos, pero que sin embargo el Padre nos las regala como parte de nuestra herencia en el presente, nos preguntamos ¿Existe acaso una vida mas plena que ésta? Sabemos que no. Cuando el cristiano llega a ser un adorador en el espíritu, rompe la limitación del "no se puede", para entrar al mundo sobrenatural de las posibilidades divinas. La dimensión del "Todo lo puedo en Cristo que me fortalece."

Oración: "Señor, ayúdame a ser un adorador que rompa las limitaciones de la desidia. Dame un corazón como el de tu siervo David. Ayúdame a tener claro el propósito de la vida en Cristo. "Sólo una cosa le he pedido al Señor; y esta buscaré; que esté yo en la casa de Jehová todos los días de mi vida, para contemplar la hermosura de Jehová y para inquirir en su templo." (Salmo 27:4) Tú eres la gloria de mi vida. Tú eres mi sabiduría y mi éxito. Porque Tú eres lo mejor. Amén."

Recursos para tu edificación

Para finalizar, te dejo una lista de sitios web que pueden ayudarte en tu relación con Dios a través de recursos musicales, videos y material de edificación:

Devoción Total
(www.DevocionTotal.com): Red de sitios cristianos dedicada a proveer recursos para la evangelización y la edificación de los creyentes en Cristo Jesús. Encontrarás prédicas, música, mp3s, videos, reflexiones cristianas, devocionales y mucho más.

CD Virtual GRATIS
(www.DevocionTotal.com/cdvirtual/) Un CD completo para descargar que contiene la música de cantantes cristianos independientes en archivos MP3, un librito y otras sorpresas dentro!

Sermones Cristianos.NET
(SermonesCristianos.NET): Descarga gratis sermones en audio mp3, prédicas cristianas y estudios bíblicos. También predicaciones escritas y en video.

Estudios Bíblicos
(www.EstudiosBiblicosCristianos.NET): Materias del Instituto Bíblico Palabra de Fe que ahora puedes leer y consultar en línea.

Mensajes Cristianos
(www.MensajesCristianos.NET): Un devocional de aliento para tu vida tomado de la Biblia. La Palabra de Dios: Un mensaje para cada día del año

Aplicaciones Cristianas
(www.AplicacionesCristianas.com): Diferentes aplicaciones gratis para dispositivos móviles con sistema operativo Android, Apple y Nokia: Devocionales, Libros, Música y Videos.

ACERCA DEL AUTOR

Después de estudiar teología durante 3 años como interno en la Escuela Bíblica Evangélica de Villa María, Provincia de Córdoba, Argentina, José Reina se gradúa en el Colegio Nacional de Montserrat, dependiente de la Universidad de Córdoba, como Martillero Público y Judicial.

En 1976 contrae matrimonio con Priscilla Baker (quien también estudió durante 3 años en la misma Escuela Bíblica) y se establecieron en la ciudad de Córdoba donde fueron activos en la iglesia donde asistían. Mientras que también el Señor los bendijo con cuatro hermosos niños.

En 1986 fueron bautizados en el poder del Espíritu Santo colaborando en la campaña del evangelista Carlos Annacondia.

En julio de 2002 parten para Estados Unidos, donde

permanecen un año, para luego viajar a España y radicarse en Málaga.

La Iglesia Fuente de Vida tiene sus comienzos en junio de 2004. Teniendo un énfasis especial en la enseñanza de la Palabra de Dios, y continuando con el Instituto Bíblico Palabra de Fe, cuyo lema: "Preparando obreros para la cosecha mundial", ilustra el propósito de este ministerio de enseñanza, claramente establecido en el mandamiento del Señor Jesucristo: "Id y haced discípulos a todas las naciones,… enseñándoles que guarden todas las cosas que os he mandado;…" (S. Mateo 28:19a; 20a).

Estimado Lector:

Nos interesan mucho tus comentarios y opiniones sobre esta obra. Por favor ayúdanos comentando sobre este libro. Puedes hacerlo dejando una reseña en la tienda donde lo has adquirido.

Puedes también escribirnos por correo electrónico a la dirección info@editorialimagen.com

Si deseas más libros como éste puedes visitar el sitio de **Editorialimagen.com** para ver los nuevos títulos disponibles y aprovechar los descuentos y precios especiales que publicamos cada semana.

Allí mismo puedes contactarnos directamente si tienes dudas, preguntas o cualquier sugerencia. ¡Esperamos saber de ti!

Más libros de interés

Apocalipsis – Un vistazo al futuro de la humanidad

¿Qué pasará con la humanidad? ¿Será destruido el planeta tierra? No hay dudas que nuestro planeta sufre los peores momentos. Ante una cada vez más intensa ola de desastres naturales y la presente realidad de una sociedad resquebrajada moralmente. Surgen las preguntas: ¿Hacia dónde se encamina la humanidad entera? ¿Tiene su historia un propósito? ¿Dónde encontrar respuestas?

Espíritu Santo, ¡Sopla En Mí! - Aprendiendo los secretos para un vida de poder espiritual

Consideremos un punto crucial en nuestras vidas. ¿Realmente queremos vivir una experiencia que revolucione nuestro presente, que haga la diferencia entre la muerte y la vida espiritual? De eso trata este libro. Te guiará a conocer al Espíritu Santo como persona. También aprenderás que es posible vivir una vida llena de su presencia. ¡Vivir una vida en lo sobrenatural es posible!

Ángeles en la Tierra - Historias reales de personas que han tenido experiencias sobrenaturales con un ángel

Este libro no pretende ser un estudio bíblico exhaustivo de los ángeles según la Biblia – hay muchos libros que tratan ese tema. Los ángeles son tan reales y la mayoría de las personas han tenido por lo menos una experiencia sobrenatural o inexplicable. En este libro de ángeles comparto mi experiencia, como así también la de muchas otras personas.

Dios está en Control - Descubre cómo librarte de tus temores y disfrutar la paz de Dios

En este libro, el pastor Jorge Lozano, quien nació en México y vive en Argentina desde hace más de 20 años, nos enseña cómo librarnos de los temores para que podamos experimentar la paz de Dios.

La Ley Dietética - La clave de Dios para la salud y la felicidad

Es hora de que rompamos la miserable barrera nutricional y empecemos a disfrutar de la buena salud y el bienestar que Dios quiere que tengamos. Al leer este libro descubrirás los fundamentos para edificar un cuerpo fuerte y sano que dure mucho tiempo, para que disfrutes la vida y para que sirvas al Señor y a su pueblo por muchos años.

Gracia para Vivir - Descubre cómo vivir la vida cristiana y ser parte de los planes de Dios

Martin Field, teólogo del Moore Theological College en Sidney, Australia, nos comparte en este libro sobre la gracia que proviene de Dios. La misma gracia que trae salvación también nos enseña cómo vivir mientras esperamos la venida de Jesús.

Vida Cristiana Victoriosa - Fortalece tu fe para caminar más cerca de Dios

En este libro descubrirás cómo vivir la vida victoriosa, Cómo ser amigo de Dios y ganarse Su favor, Lo que hace la diferencia, Cómo te ve Dios, Cómo ser un guerrero de Dios, La grandeza de nuestro Dios, La verdadera adoración, Cómo vencer la tentación y Por qué Dios permite el sufrimiento, entre muchos otros temas.

El Ayuno: Una Cita con Dios - El poder espiritual y los grandes beneficios del ayuno.
¿Por qué ayunar? Jesús no se refiere al ayuno como una elección sino como una práctica normal en la vida de alguien que ama a Dios.
Descubre lo que dice la Biblia sobre el ayuno y todos los beneficios que trae realizar un ayuno escogido por Dios.

Como hablar con Dios – Aprendiendo a orar paso a paso

A veces complicamos algo que nuestro Señor quiere que sea sencillo, es por esto que en este libro podrás encontrar detalladamente las respuestas a las preguntas:

- ¿Cómo debo orar?
- ¿Qué me garantiza que Dios me va a responder?
- ¿Qué palabras debo usar?

Dios Contigo - Tu Padre quiere hablarte y tiene un mensaje para ti

Varios autores se han reunido para darle forma a este libro, cuya intención es acercarte más al corazón de Dios.

30 días con Dios - Lecturas diarias que te fortalecerán y te acercarán al Padre

Lo que leerás a continuación es un devocional que hemos preparado con algunas de las reflexiones que ya hemos enviado por correo electrónico a miles de personas alrededor del mundo desde al año 2004

Cerca de Jesús - Acércate a la cruz y serás cambiado para siempre

En este libro, el pastor Jorge Lozano, quien nació en México y vive en Argentina desde hace más de 20 años, nos enseña cómo acercarnos más a la persona de Jesús para experimentar Su abrazo y ser cambiados para siempre.

Cristiano y… ¿Próspero? - Descubra la verdadera prosperidad bíblica

En este nuevo libro de la serie Vida Cristiana aprenderás sobre la mayordomía del cristiano y lo que pide Dios para prosperarnos. Descubrirás cómo liberarte de la esclavitud financiera y evitar el mal uso del dinero.

La Oración Intercesora - Principios para una vida de oración eficaz

Hoy en día, cuando la sociedad piensa sólo en hacer y correr de aquí para allá "porque no hay tiempo", el pasar tiempo en oración es todo un desafío.

www.ingramcontent.com/pod-product-compliance
Lightning Source LLC
LaVergne TN
LVHW011736060526
838200LV00051B/3188